REMONSTRANCE
FAICTE AV
ROY SVR LES DES-
ORDRES QVI SONT
en la Court de Parlement
de Prouance.

A cause des grandes parentez, & al-
lience des NEOPHITES.

M. D C. XI.

REMONSTRANCE

FAICTE AV ROY SVR les desordres qui sont en la Court de Parlement de Prouance, à cause des grandes parentez, & alliences des NEOPHITES.

APres que la Prouence feust vnie à cest estat, d'autant que le Roy Philippe le Bel auoit chassé les Iuifs de la France, recognoissant qu'il n'y auoit rien de plus contraire à l'humeur & franchise de nostre nation, que la perfidie Iudaïque, & que ces gens conspiroient tousiours secrettement contre les Chrestiens les furent aussi chasser de la Prouence: mais quelquesvns d'entre eux, qui estoient retirez en Auignon, marris d'estre despouillez de leurs commoditez, & priuez de la tirannie qu'ils exerçoient par le moyen des vsures, suiuant le Conseil des Sinagogues de Constantinople, & autres villes du Leuāt, resolurēt de se conuertir à la Religion Chrestienne en apparence, pour se restablir, & se vanger des Chre-

A

ſtiens. Et à ces fins trois d'entre eux, qui eſtoient francs, ſe firent baptiſer ſoubs diuers noms. Le Comte de Grignan fiſt baptiſer l'aiſné, & luy donna l'ancien ſurnom de ſa famille qui eſt Aimar Eſtienne Chauſſegros, Seigneur de Venelles fiſt baptiſer le ſecond, & tout de meſme luy impoſa le ſurnom d'Eſtienne. Vn autre Seigneur de Prouance fiſt baptiſer le dernier, & luy donna le ſurnom d'Andrau, bien que depuis les deſcendans qui viuent auiourd'huy, pour ſe deſguiſer dauātage, ſe font appeller Thomaſſins.

Ces trois freres nouueaux Chreſtiens, par vne conuerſion fainte, firent ſi bien par leurs vſures, & autres moyens ſordides, qu'ils exercent auec toute ſorte de tromperies, & mechancetez, ne faiſant pas conſcience de trahir, & ruiner les Chreſtiens, qu'ils haiſſent mortellement, en leur ame, qu'en peu de temps ils s'enrichirent de plus de quatrevingts ou cent mil eſcus, & pluſieurs à leur imitation s'eſtans faict baptiſer, & s'eſtans ioincts auec eux, ont auſſi acquis de grandes facultez: on les a touſiours appellez au pays NEOPHITES, c'eſt à dire nouueaux Chreſtiens, comme en Portugal on les appelle CHRISTIANOS NVEVOS.

Le Roy Louys XII. au commencement de ſon regne eſtant aduerti de leurs viures, & maluerſations, auoit reſolu de les chaſſer de la Prouence, mais ils firent quelques offres à ſa Majeſté, de ſorte que pour la neceſſité de

ſes affaires, & pour ſubuenir aux frais des
guerres d'Italie, il ſe contenta d'impoſer ſus
vne certaine ſomme qui fuſt leuee, & tout
ceux de ceſte qualité cottiſez, comme il apet
par les regiſtres de la chambre des Comptes
de Prouence.

Et d'autant qu'on auoit reſolu de les ex-
terminer, & cependant de continuer ſur
eux de grandes impoſitions, & qu'ils eſtoiét
meſpriſez, & deteſtez publiquement, plains
d'opprobres & d'ignominies, qu'ils ne pouuoient paruenir à aucunes dignitez Eccleſia-
ſtiques : parce que les anciennes conſtitutiós
Canoniques, & les Conciles y reſiſtoient, ny
auſſi à la moindre charge Politique en quelque ville qu'ils habitaſſent, & quoy qu'ils
n'ayent manqué de brigue & de corruption,
iamais ils n'y ont eſté eſleus, tant ils ſont
odieux pour leur malice & perfidie. Apres a-
uoir long temps recherché quelque moyen
pour s'eſtablir, s'affranchir de ces impoſitions, & s'aquerir quelque ſorte d'honneur,
& d'authorité, En fin la venalité des Offices
introduïte par le Roy François, & le mal'-
heur des guerres, leur a ſerui de planche aux
charges & dignitez de la iuſtice, qui ſont les
plus importantes, & deſquelles ils doiuent
plutoſt eſtre exclus que des autres, d'autant
qu'elles leur donnent pouuoir ſur *la vie*,
l'honneur, & les biens des Chreſtiens, & con-
ſequemment plus de moyen d'exercer les ef-
fects de leur auarice, & de leur vengeance.

Et de faict soubs le Regne du Roy Charles IX, lors que les guerres ciuiles auoyent introduict toutes sortes de desordres en ce Royaume maistre Guillaume Aimar à present Doyen audit Parlement fils de celuy qui auoit esté baptisé, eust moyen de se faire pour uoir dudict office de Conseiller, & apres luy les enfans des deux autres freres baptisez, sçauoir d'Estienne, & Andrau, dits Thomassins, furent aussi faicts Conseillers, & quelque temps apres plusieurs autres de ceste secte, par argent & faueurs de leurs parans, furent pourueus de semblables charges, en si grand nombre qu'ils composent la moitié du Parlement

Mais il faut remarquer que lesdits Aimar, Estienne, & Thomassins, ne se contentans pas d'estre enfans de freres, pour couurir leur parenté, soubs la diuersité des noms qu'ils auoyent pris au baptesme, firent des alliances: car ledict Estienne, maria l'vne de ses sœurs, auec ledict Aimar, l'autre auec Thomassin Conseillers.

Ces trois cousins germains d'origine, & beaux freres d'alience: ne se contenterent pas d'estre entrez au Parlement, & d'y auoir introduict quelques autres de leur famille: mais parce qu'ils ne pouuoient exercer leur auarice, & leurs industries, d'autant que tous les autres y resistoient & veilloient sur leurs actions, ils ont dessain & affecté de s'establir au Parlement, en tel nombre qu'ils

foyent les plus forts, & puiſſent exercer vne
eſpece de tyrannie.

Et pour paruenir à cedeſſain, ils ont faict tous
leurs enfans de la robe, eſperant par argent
de les eſtablir aux charges.

En execution de ce, ledit Aimar en l'an mil
cinq cens quatre-vingts & ſept, fiſt pouruoir ſon fils aiſné, de la charge de Procureur
General, à quoy toute la compagnie s'eſtant
oppoſé, voyāt le deſſain que ces (Neophites)
auoient de s'eſtablir nonobſtant qu'on l'euſt
renuoyé, que la Cour euſt reſolu d'en faire de
tres-humbles remonſtrances au Roy, les troubles qui ſuruindrent en ce Royaume, en l'an
nee 1588. luy ont donné moyen de s'eſtablir
en ladite charge.

Ledit Eſtienne, a eſtabli vn de ſa famille
& ſurnom, Greffier Ciuil, lors de la reuante
du domaine, de ſorte que le Greffe qui eſt
vne des plus importantes charges, eſt entre
leurs mains, & à vil pris: car il vaut plus de
deux mil eſcus de rente, & il n'en a pas payé
dix mille eſcus, ceſte charge leur donne vn
grand moyen d'exercer leurs meſchancetez.
Car tous les commis du Greffier qui eſcri-
uent aux chambres, ſont de leur famille. Ils
ſçauent par ce moyen tous les ſecrets, font
tomber les procez entre les mains de ceux
qui bon leur ſemble, font eſgarer les reque-
ſtes & autres procedures, falſifient les Ar-
reſts & decrets de la Cour, & tourmentent
les ſubiects du Roy en mille façons, don til y

à des plaintes ordinaires.

Le troisiesme, nommé Andrau dit Thomaßin, qui estoit Conseiller a laißé sa charge a l'aisné de ces enfans, le puisné est pourueu de la charge de second aduocat general, bien qu'il ayt vn frere Conseiller au Parlement, & plusieurs autres parans que ledit Aimar Procureur general soit son cousin germain tant du costé paternel que maternel.

Et pour y entrer ayant poursuiui vne dispance, luy ayant esté refusee par mosieur le Chãcelier, il luy en presenta vne en forme de declaration, en laquelle aucuns degrez de parentez n'estoient exprimez, & par surprise la fist seeller, & apres faignant y auoir ietté d'ãcre deßus, en presentã vne autre bien differante, en laquelle il y auoit exprimé ses parentez & alliances, & la fist seeller, comme si c'estoit le duplicata de la premiere declaration, qui est vne fausseté grandement punissable.

Faut remarquer en paßant, qu'il y a deux Procureurs Generaux au Parlement de Prouance, & l'vn Ciuil, & l'autre Criminel, & qu'auparauant que ledit Aimar & Thomaßin entraßent au parquet, le premier Procureur general estoit le sieur Rabaße leur oncle d'alience, de sorte que de quatre ils estoient trois proches parans, chose si estrange, & qui fust cause de tant de plaintes, que Meßieurs furent contraints de faire vn reglement, que leurs trois opinions ne seroient comptees que pour vne.

Mais ce reglement n'a pas remedié aux a-
bus, d'autant qu'en absence du premier Ad
uocat general ils demeurent trois parens, &
le plaintes & recusations sont si frequentes
côtre eux, que le Palais est plain de desordres
& le plus souuent, la Cour est contrainte
de commettre à vne personne priuee, l'exercice de ceste charge si importante.

Encores ne se sont-ils pas contentez de ce
desordre, mais passant plus outre, & desirant
s'establir en tel estat qu'ils soient le plus grãd
nombre, ledit Aimar a moyéné de faire pouruoir sondit fils aisné qui estoit Procureur general d'vn Office de Presidant.

Et bien qu'il ne pouuoit estre receu audit
Office de Presidant sans dispense, ayant son
pere & plusieurs autres parans dans le Parlement, toutes fois par les brigues & artifices
des siens, il l'a esté : mais c'est à condition
qu'il ne pourroit resigner son estat de Procureur General à autre de ses parens au degré de
l'ordonnance.

Et toutesfois contreuenant à l'Arrest de
la Cour, il a resigné son Office de Procureur
general à vn sien frere qui en a obtenu les prouisions, poursuiui la reception, & d'autant
que la Cour y faict difficulté poursuit à pre-
sant vne dispence, si elle est accordee, il y aura le pere & deux enfans dans vne petite compagnie qui n'est que de trente, outre plusieurs
parens qui excedent la moitié du Parlement.

Par là il semble que les deux enfans dudict Aimar deuroient estre priuez desdites charges de Presidant & Procureur general, l'vn pour auoir esté receu en ladite charge de President sans dispance, & d'auantage pour auoir esté receu à ceste condition, qu'il ne resigneroit son estat de Procureur general à aucun de ses parens, à laquelle il a directement contreuenu.

Et s'il estoit priué de sa charge au lieu qu'il n'en a payé que cinq mil escus, on en treuueroit douze mil. L'autre aussi doit estre priué de la charge de Procureur general, d'autant qu'il s'en est faict pouruoir contre ladite deliberation, laquelle contrauention ioincte auec sa qualité, & le grand nombre de parens & alliez, est vne espece de forfaiture, qui rēd son office vaccant, & impetrable.

Il y a plus, car ledit Aimar ne se contente pas de vouloir establir deux de ses enfans, ausdits Offices de Presidant & Procureur general, mais il c'est trouué qu'il auoit vne suruiuance de son Office de Conseiller dés l'annee 1588. en faueur d'vn troisiesme fils, & qu'il l'auoit faict receuoir durant les troubles, combien que le pere a tousiours continué l'exercice.

Et combien que depuis par lettres patentes de l'an mil cinq cens quatre vingts dixhuict, toutes suruiuées ayent esté reuoquees, toutes-fois au mois de Iuin dernier, ledict Aimar pere se treuuant indisposé, se seroit desmis de l'exercice de son estat de Conseiller en faueur de son fils receu en suruiuance. lequel ayant poursuiui sa reception & instalation, auroit esté renuoyé à cause des parentez & alliances, & qu'il n'auoit aucune prouision legitime, pour estre les suruiuances reuoquees,& à present ledit Aimar seroit reuenu en conualescance, nonobstant ladite demission exerce ledit Office, & a faict remettre ledit Office aux parties casueles par resignation, en faueur de sondit fils, laquelle ne doit estre expediee à cause desdites parentez, n'estant raisonable que trois freres soiét dans vn Parlement: car aussi tost qu'il aura ses prouisions, il poursuiura dispance: & semble que l'exercice doit estre interdict au pere, puis qu'il s'en est demis, & que le fils en estant incapable, vn autre en doit estre pourueu.

Mais outre les abus commis particulierement par lesdits Aimars, & Thomassins, ausquels il faut pouruoir, ce seroit vne gloire digne de sa Majesté qu'imitant les actions de Philippe le Bel son ayeul, il chassat ceste vermine de gens, sinon de la France, pour le moins des compagnies souueraines, & mesmes de celle de Prouence qui est la plus infectee, à quoy sa Majesté se doit d'autant plus disposer, que sa conscience y est obligee par les loix & par la raison.

Car les loix Ecclesiastiques rendent ces Neophites indignes d'aspirer aux charges publiques, & mesmes n'y a pas long temps que

les Iesuiſtes & autres principaux ordres de la
Chreſtienté, en leurs chapitres & aſſemblees,
ont faict vne reſolution de n'en receuoir au-
çun qu'il n'ayt paſſé la ſeptieſme race, & ceux
cy n'ont paſſé encores la troiſieſme. Auſſi en
Eſpagne au coſte de Valance & Majorque, ils
ne les admettent aux charges temporeles,
qu'apres la ſeptieſme race, les tiennent deſor-
mais tributaires, & comme eſclaues. Au Parlement de Tholoſe, ils n'en ont iamais voulu
receuoir aucun, en l'adminiſtration de la iuſtice, & d'autant que ledit Aimar auoit faict
gliſſer deux de ſes enfans à Beſiers, & depuis
au Parlement de Tholoſe, ils y ſont ſi publiquement deſcriez & meſpriſez, qu'ils ont e-
ſté contraincts de quitter leurs charges, & re-
uenir en Prouance, & ce ſont les deux qui
pourſuiuent les charges de Conſeiller, & Pro
cureur general, faut-il que le ſeul Parlement
de Prouance ſoit rempli de cét ordure, & les
ſubiects du Roy ſubiects à leur domination?

Du temps des Contes de Prouance, ils
n'auoient iamais ozé aſpirer à ces deſſains,
leurs ſtatuts ſont pleins de menaſſes, contre
les vſures, & autres meſchancetez de ceſte race maudite, qu'elle apparence qu'ils ſoient
tollerez, & fauoriſez ſous le Roy de France.

Quand aux raiſons elles ſont bien grandes,
Premierement ils ne ſont Chreſtiens qu'é
apparence, & en effect ils obſeruent leur an-
cienne Religion, ils font de particulieres ce-
remonies parmi eux, & contribuent à l'entré

tenement des Iuifs d'Auignon, & n'y a pas
long temps qu'vn Iuif d'Auignon vint faire
vne queste à Aix, & estant entré par mescon-
te en la maison d'vn qui n'estoit pas Neophi-
te, il demanda le tribut auec plusieurs parol-
les execrables contre nostre seigneur Iesus-
Christ; dequoy il en fust informé, mais aussi
tost cela fut assoupi par leurs artifices & cor-
ruptiös: mais il seroit facile d'en auoir la preu-
ue pour les conuaincre & chastier.

Ils sont si vnis entre eux que quand il est
question de s'aduancer d'achepter quelque
Office, tous se cottisent, & ordinairement
font des assemblees & Monopoles, & cons-
pirent secretement contre les Chrestiens :
chose fort dangereuse à vn estat, & en l'ad-
ministration de la iustice : car on remarque
que ces gens là, ont vne cabale & vne si e-
stroicte liaison, qu'ils n'ont que mesme volonté, & pour faire vne iniustice, ils se pre-
stent la conscience les vns aux autres.

Ils se sont tellement enrichis par le moyen
des vsures & autres actes illicites, qu'ils sont
les plus riches de la Prouince, de sorte qu'a-
uec l'argēt, ils s'establiront en toutes les charges qui viendront à vaquer, n'estant pas marris d'acheter en gros, ce qu'ils vendent en
detail, & d'ailleurs pour estre en honneur &
authorité, ils n'espargnent rien : car ils ont
mille moyens de s'enrichir, & se remplacer
de ce qu'ils ont financé : semblables aux Ari-
stocratides entre les Atheniens qui entrans

aux charges publiques, croyent aller à vne mai
ſon d'or.

Ils ont ceſte curioſité, qu'ils veulent ſça-
uoir tout ce qui ſe faict en toute la Prouence
iuſques dans les maiſons particulieres, parce
qu'ils ne rendent la iuſtice qu'à deſſain, pour
obliger les vns par faueur, & intimider, les
autres par vengeance, ils font par ce moyen
ce qu'ils veulent, & acquierent ce que bon leur
ſemble, & au pris qu'ils deſirent.

Auſſi les abus qu'ils commettent auec leurs
parentez & alliances, ſont cauſes qu'on n'oit
que d'Euocations : & plaintes contre le Parle-
mant de Prouance.

Ceux meſmes qui ſont Magiſtrats, outre
les vſures qui leur ſont familieres, marchan-
dent & vendent iuſques aux danrees, & font
toutes ſortes de meſtiers ſordides pour s'enrichir.

Mais ce qui eſt plus à craindre, c'eſt qu'ayāt
la Religion & la volonté du tout eſtrangere,
& allienee de la France, & du Chriſtianiſme,
ils ſe rendront ſi forts, qu'en fin ils perdront
ls Prouance, & quand ils n'en auroyent pas
la volonté, l'auarice les poſſede tellement.
que comme ils ont vendu noſtre Seigneur, ils
vendront aiſement leur fidelité, & eux meſme s, pour ſe mettre entre les mains des eſtrā-
ge ʳs ; & pour le voir clairement, durant les
dernieres troubles, aucun d'eux n'a eſté ſerui-
teur du Roy, tous s'eſtans iettez en Auignon
lieu ancien de leur origine, car ils n'affectent

rien plus, que d'estre soubs la domination des Papes, d'autant que leurs Sinagogues ne sont receües qu'aux terres de l'Eglise.

On voit en eux des signes de la malediction de Dieu tous apparens : car les vns pissent le sang le iour du grand vendredy, les autres qui sont descendans de ceux qui auoient craché contre nostre Seigneur, quand ils crachent, le crachat retumbe sur eux : qu'elle honte de les voir authorisez en vn Royaume tres-Chrestien ?

De sorte que c'est vne chose trop dangereuse de tollerer ces gens-là en vne Prouince frontiere, & leur donner vne si grande authorité, & permetrre qu'ils s'establissent en telle sorte, qu'ils sont les plus forts.

Donques pour pouruoir à ces abus, & deliurer les subiects du Roy de tant d'oppressiõs il semble qu'il seroit bon de les chasser de la Prouance, & confisquer leurs biens qui valent plus d'vn milion d'or.

A tout euenement en leur laissant les biens les priuer des charges publiques, qu'ils exercent, qui valent plus de cinquante mil escus, & quand on voudroit rendre ce qu'ils ont financé, & remplir leurs places de gens d'honneur, & bons seruiteurs du Roy, sa Majesté gaigneroit plus de cinquante mil escus, dequoy les Estats dupais feront de remonstrances, & tres-humbles supplications à la Majesté.

Et en ce cas il faudroit continuer sur eux

lés impofitions que le Roy Louys XII. auoit eftablies, & prendre tant pour cent de leurs facultez : le fieur Vidame de Chartres en a un breuet, & permiffion de fa Majefté ; mais il feroit plus à propos que le Roy y mift la main & il en pourroit tirer vn fecours notable, pour l'entretenement de fes galeres, & garnifons dudit pays.

Mais en toute façon il femble que fa Majefté ne doit tollerer les grandes parentez, qui font plus dangereufes en ces gens-là, parce qu'ils font fi vnis qu'ils n'ont qu'vne mefme volonté de mal faire, & mefmes au Parquet, ou de quatre ils veulent eftre trois proches parens, pour le moins ne faut pas rendre les Neophites de meilleure condition que ceux de la Religion, & faut qu'ils fe contentent d'eftre mi partis.

S'il eft neceffaire on iuftifiera tout le contenu à la prefente remonftrance par contracts & regiftres de la Cour, & autres pieces authentiques.

C. I. P.

FIN.